BEI GRIN MACHT SICH IHR WISSEN BEZAHLT

- Wir veröffentlichen Ihre Hausarbeit, Bachelor- und Masterarbeit

- Ihr eigenes eBook und Buch - weltweit in allen wichtigen Shops

- Verdienen Sie an jedem Verkauf

Jetzt bei www.GRIN.com hochladen und kostenlos publizieren

Bibliografische Information der Deutschen Nationalbibliothek:

Die Deutsche Bibliothek verzeichnet diese Publikation in der Deutschen National-
bibliografie; detaillierte bibliografische Daten sind im Internet über http://dnb.d-
nb.de/ abrufbar.

Impressum:

Copyright © 2018 GRIN Verlag
Druck und Bindung: Books on Demand GmbH, Norderstedt Germany
ISBN: 9783668910256

Anonym

Die Saturnalien des Macrobius

Ein antikes Weihnachten?

GRIN Verlag

GRIN - Your knowledge has value

Der GRIN Verlag publiziert seit 1998 wissenschaftliche Arbeiten von Studenten, Hochschullehrern und anderen Akademikern als eBook und gedrucktes Buch. Die Verlagswebsite www.grin.com ist die ideale Plattform zur Veröffentlichung von Hausarbeiten, Abschlussarbeiten, wissenschaftlichen Aufsätzen, Dissertationen und Fachbüchern.

Besuchen Sie uns im Internet:

http://www.grin.com/

http://www.facebook.com/grincom

http://www.twitter.com/grin_com

Leibniz Universität Hannover

Philosophische Fakultät

Institut für Religionswissenschaften

Seminar: (Re-) Konstruktionen des antiken Polytheismus

Wintersemester 2017/18

schriftliche Ausarbeitung zum Referat (PL)

Die Saturnalien des Macrobius - Ein antikes Weihnachten?

gehalten am 21.12.2018

Hannover, den 25.02.2018

Inhaltsverzeichnis

1. Einleitung 3

2. Der römische Gott Saturn/Saturnus 3

3. Die Saturnalien 4

4. Die Saturnalien des Macrobius 5

5. Schlussfolgerungen zu Macrobius´ *Saturnalia* 5

6. Fazit 6

7. Abbildungen 7

8. Literaturverzeichnis 12

9. Bildquellenverzeichnis 12

10. PowerPoint Präsentation zum Referat vom 21.12.2017 13

1. Einleitung

Die Vorstellung, dass das Weihnachtsfest Element der Saturnalien in sich aufgenommen habe, konnte die kalendarische Nähe von römischem und christlichem Festtermin für sich in Anspruch nehmen.[1] Anhand des 7 Bücher umfassenden Werkes des Ambrosius Theodosius Macrobius *Saturnalia*[2] soll untersucht werden, in wie weit eine Rekonstruktion des antiken Saturnalienfestes möglich ist und ob dieses mit dem christlichen Weihnachtsfest vergleichbar ist.

Hierzu wird den Fragen nachgegangen „Wer war Saturn?" - „Was ist das Saturnalienfest und wo liegt der Ursprung?" - „Wie beschreibt Macrobius das Saturnalienfest?" und „Welche Rückschlüsse können auf Grund der Saturnalien des Macrobius gezogen werden?"

Zum Abschluss werden die Ergebnisse zusammengetragen und die Frage beantwortet, ob die Saturnalien ein „vorchristliches Weihnachtsfest" waren.

2. Der römische Gott Saturn/Saturnus

Saturn, der römische Gott der Aussaat und des Ackerbaus sowie Gott des Reichtums und der Feldfrüchte, wird häufig auch mit dem griechischen Gott Kronos gleichgesetzt.[3] [4] Ob es sich bei Saturn und Kronos um die gleichen Götter handelt ist umstritten, da sie nicht viele Gemeinsamkeiten teilen. Jedoch gibt es für Saturn kaum Hinweise auf seinen Herkunftsmythos.[5]

Bevor Saturn von seinem Sohn Jupiter entmachtet wurde, herrschte er über das „Goldene Zeitalter"[6]. Nachdem er gestürzt wurde, brachte er den Menschen in

---

[1] **Fugger, Dominik:** Im Schatten der Saturnalien, Zur Theoriegeschichte der "verkehrten Welt", in: Fugger, Dominik (Hg.): HZ, Beihefte, Verkehrte Welten?, Bd. 60, München 2013, S. 16.

[2] **Macrobius, Ambrosius Theodosius**: Tischgespräche am Saturnalienfest, Würzburg 2008.

[3] **Mastrocinque, Attilio; K, Ü: HE:** Saturnus, in: Cancik, Hubert; Schneider, Helmuth; Landfester, Manfred, Der Neue Pauly, S. 11:116-118.

[4] **Baudy, Gerhard**: Kronos, in: Cancik, Hubert; Schneider, Helmuth; Landfester, Manfred, Der Neue Pauly, S. 6:864-870.

[5] **Versnel, Hendrik S.**: Die Saturnalien, Zu Fragen von Ursprung, Funktion und Bedeutung, in: Fugger, Dominik, Verkehrte Welten?, München 2013, S. 72–101.

[6] Das „goldene Zeitalter" bezeichnet eine Ära in der es keine Standesgesellschaft, kein Elend und keine Not gab. Alle Menschen waren gleichgestellt und Arbeiten wie der Ackerbau waren nicht nötig. Vgl. **Sallaberger, Walther; Felber, Heinz; Heckel, Hartwig**: Kulturentstehungstheorien, in: Cancik, Hubert; Schneider, Helmuth; Landfester, Manfred ,Der Neue Pauly, S. 6:908-914 und **Heckel, Hartwig**: Zeitalter, in: Cancik, Hubert; Schneider, Helmuth; Landfester, Manfred ,Der Neue Pauly, S. 12/2:706-709.

Latium den Ackerbau bei. Er wird deshalb auch häufig in alten Darstellungen mit einer Sense als Attribut dargestellt.[7]

Im Laufe der Zeit veränderte sich die Darstellung des Saturn und er wurde auch in der Vorstellung seines Aussehens dem Kronos weiter angeglichen[8].

Im Gegensatz zu den anderen Göttern und deren Kulte beschränkte sich der Kult um Saturn auf ein Fest - den Saturnalien.[9]

3. Die Saturnalien

Die Saturnalien sind ein Fest zu Ehren des Saturn, die ursprünglich die Dauer von 5 Tagen hatten und vom 17. Dezember bis zum 23. Dezember andauerten. Im Laufe der Zeit haben verschiedene römische Kaiser den Zeitraum auf 12 Tage ausgeweitet, so dass die Saturnalien zum Schluss vom 17. Dezember bis zum 30. Dezember gefeiert wurden.[10]

Zu den Bräuchen der Feierlichkeiten gehörte es, dass die Standesgrenzen aufgelöst wurden und die Sklaven mit den Herren gleichgestellt wurden, wie es im „Goldenen Zeitalter" der Fall war. Alle Menschen in Rom wurden bewirtet und es wurde ausgelassen gefeiert und getrunken. Es geht vor allem um eine temporäre Aussetzung der sozialen Unterschiede. Werden die Bräuche der Saturnalien näher betrachtet, lassen sich leichte Parallelen zum heutigen Weihnachten aber auch zum Karneval finden. Besonders die Aspekte des „Verkleidens" und der temporären Aufhebung der sozialen Stände zeigen karnevaleske Anzeichen.[11]

Der Ursprung der Saturnalien ist unklar und es finden sich hierzu auch keine Quellen, die Licht ins Dunkel bringen könnten.[12]

---

[7] Abbildung 1 und 2
[8] Abbildung 3 - 5
[9] **Gardner, Jane F.**: Römische Mythen, Stuttgart 1994.
[10] **Distelrath, Götz**: Saturnalia, in: Cancik, Hubert; Schneider, Helmuth; Landfester, Manfred, Der Neue Pauly, S. 11:113-115.
[11] **Versnel, Hendrik S.**: Die Saturnalien, Zu Fragen von Ursprung, Funktion und Bedeutung, in: Fugger, Dominik, Verkehrte Welten?, München 2013, S. 72–101.
[12] **Distelrath, Götz**: Saturnalia.

4. Die Saturnalien des Macrobius

Macrobius Ambrosius Theodosius war ein spätantiker Philosoph, der im ausgehenden 4. und beginnenden 5. Jahrhundert mehrere Werke verfasst hat. Unter anderem ist das 7 Bücher umfassende Werk *Saturnalia* [13] von Macrobius erhalten geblieben. Inhalt des Werkes ist eine Erzählung von fiktiven Tischgesprächen während Gastmählern die am Vorabend der Saturnalien (16.Dezember) beginnen. Teilnehmer dieser Gastmähler sind verschiedene Gelehrte, Senatoren und ein ungeladener Gast Namens Euangelus, die im ersten Buch der *Saturnalia* über die Ursprünge und die Gebräuche des Saturnalienfestes philosophieren.[14]

Das Werk selbst ist wahrscheinlich um 400 n. Chr. entstanden, in einer Zeit also, in der die alte Religion der Römer mit den paganen Kulten von dem neu entstehenden und monotheistischen Christentum abgelöst wird. Die Saturnalien werden hier nur theoretisch behandelt und nicht praktisch gefeiert.[15]

5. Schlussfolgerungen zu Macrobius' *Saturnalia*

Das auffälligste Merkmal in Macrobius *Saturnalia* ist, dass das Saturnalienfest selbst nicht gefeiert sondern nur darüber gesprochen wird, wie die Feierlichkeiten begangen wurden. Die Saturnalien bieten dem Werk lediglich eine Rahmenhandlung in der sich sie Protagonisten bewegen.

Anhand der Tischgespräche erfährt der Leser, dass die Saturnalien im privaten Bereich in Form von Trink- und Essgelagen geprägt waren, an denen auch die Sklaven teilnehmen durften. Während dieser Gelage wurden Spottverse vorgetragen und Rätsel gelöst. Die Menschen, Herren wie Sklaven, verkleideten sich und es wurden kleine Geschenke ausgetauscht. Auch wurden Würfelspiele erlaubt, die das übrige Jahr verboten waren. [16]

---

[13] **Macrobius, Ambrosius Theodosius**: Tischgespräche am Saturnalienfest, Würzburg 2008.
[14] **Flamant, Jaques; Tinnefeld, Franz**: Macrobius, in: Cancik, Hubert; Schneider, Helmuth; Landfester, Manfred, Der Neue Pauly, S. 7:627-630.
[15] **Frateantonio, Christa**: Praetextatus – Verteidiger des römischen Glaubens? Zur gesellschaftlichen (Neu-)Inszenierung römischer Religion in Macrobius' Saturnalien, in: Brennecke, Hanns Christof v.; Drecoll, Volker Henning, et al., Bd.11, Berlin 2007, S. 360–377.
[16] **Macrobius, Ambrosius Theodosius**: Tischgespräche am Saturnalienfest, Würzburg 2008.

Es stellt sich somit die Frage, was Macrobius mit seinem Werk bezwecken wollte. Wollte er die paganen Rituale „am Leben" erhalten oder den Vertretern des neuen Christentums aufzeigen, dass ihre Feste durch die paganen Rituale bereits vorhanden waren? [17] Ein Hinweis darauf, dass es sich um ein Christentum kritisierendes Werk handelt findet sich in der Person des Euangelus. Die Charakterisierung dieses Protagonisten lässt Schlüsse zu, dass er das Christentum verkörpern soll. So kann zu dem Schluss gekommen werden, dass Macrobius tatsächlich eine kritische Gegenüberstellung der paganen Kulte der Römer und den neuen christlichen Ritualen des Christentums darstellen wollte indem er die Gespräche bei Tisch inszenierte. [18]

Auf Grund der verschiedenen Interpretationsmöglichkeiten, die die *Saturnalia* bieten, ist eine Rekonstruktion des Saturnalienfestes, wie es in der Antike gefeiert wurde, nur bedingt möglich.

6. Fazit

Eingangs wurde die Frage gestellt, ob die Saturnalien ein „vorchristliches Weihnachtsfest" waren. Es finden sich sowohl weihnachtliche als auch karnevaleske Aspekte bei den Saturnalien und obwohl durch Macrobius *Saturnalia* einige Elemente des heutigen Weihnachtsfestes erkennbar sind, und auch die Datierung der Saturnalien in unsere Adventszeit und auch auf Weihnachten zutreffen, kann die Frage nicht mit ja beantwortet werden. Die Saturnalien sind ein eigenständiger Kult aus der Zeit des römischen Paganismus und kein Vorläufer der christlichen Weihnachten.

---

[17] **Frateantonio, Christa**: Praetextatus – Verteidiger des römischen Glaubens? Zur gesellschaftlichen (Neu-)Inszenierung römischer Religion in Macrobius' Saturnalien, in: Brennecke, Hanns Christof v.; Drecoll, Volker Henning, et al., Bd.11, Berlin 2007, S. 360–377. *Ich nehme an, daß diese Innovation durch die religiöse Praxis der sich eben offiziell und staatlich etablierenden christlichen Gemeinden in Rom mitbestimmt war, Macrobius in den Saturnalien mithin ein neues Modell von römischer Religion(spraxis) vorführt, welches belegen soll, daß die römische Religion bereits alles besitzt, was die Christen an besserer, angemessener und wahrer Religionspraxis für sich reklamierten.*(S. 360, Z. 17 - 23)
[18] ebd.

7. Abbildungen

Abbildung 1: Altarrelief zu Ehren Malakbels, 2. Jahrhundert nach Christus [19]

---

[19]O.V., o.T., o.J.: https://commons.wikimedia.org/wiki/File:0_Au-tel_d%C3%A9di%C3%A9_au_dieu_Malakb%C3%AAl_et_aux_dieux_de_Palmyra_-_Musei_Capito-lini_(1b).JPG (Stand: 20. Dezember 2017).

Abbildung 2: Fresko von Polidoro da Caravaggio 1592 [20]

---

[20] Da Caravaggio, Polidoro: Saturnus 1592 https://www.artsy.net/artwork/hendrik-goltzius-after-polidoro-da-caravaggio-saturn (Stand: 20. Dezember 2017).

Abbildung 3 Gemälde von Paul Peter Rubens "Saturn" 1636 [21]

---

[21] Rubens, Peter Paul: Saturn, 1636 http://tour-de-kunsthalle-redaktion.xpe-deo.de/Page1813.html (Stand: 20. Dezember 2017).

Abbildung 4: Gemälde von Franscisco de Goya "Saturn Devouring His Son" 1819 [22]

---

[22] Goya, Francisco: Saturn Devouring His Son, 1819 http://tour-de-kunsthalle-redaktion.xpe-deo.de/Page1813.html (Stand: 20. Dezember 2017).

Abbildung 5: Artwork von "Age of Mythology" 2002 (Kronos) [23]

---

[23] O. V., o.T., 2002 http://ageofempires.wikia.com/wiki/Kronos (Stand: 20. Dezember 2017).

8. Literaturverzeichnis

Baudy, Gerhard: Kronos, in: Cancik, Hubert; Schneider, Helmuth; Landfester, Manfred (Hg.): New Pauly Online, Der Neue Pauly, S. 6:864-870.

Distelrath, Götz: Saturnalia, in: Cancik, Hubert; Schneider, Helmuth; Landfester, Manfred (Hg.): New Pauly Online, Der Neue Pauly, S. 11:113-115.

Flamant, Jaques; Tinnefeld, Franz: Macrobius, in: Cancik, Hubert; Schneider, Helmuth; Landfester, Manfred (Hg.): New Pauly Online, Der Neue Pauly, S. 7:627-630.

Frateantonio, Christa: Praetextatus – Verteidiger des römischen Glaubens? Zur gesellschaftlichen (Neu-)Inszenierung römischer Religion in Macrobius' Saturnalien, in: Brennecke, Hanns Christof v.; Drecoll, Volker Henning, et al. (Hg.): Zeitschrift für Antikes Christentum, Bd.11, Berlin 2007, S. 360–377.

Fugger, Dominik: Im Schatten der Saturnalien, Zur Theoriegeschichte der "verkehrten Welt", in: Fugger, Dominik (Hg.): HZ, Beihefte, Verkehrte Welten?, München 2013, S. 11–38.

Gardner, Jane F.: Römische Mythen, Stuttgart 1994.

Macrobius, Ambrosius Theodosius: Tischgespräche am Saturnalienfest, Würzburg 2008.

Mastrocinque, Attilio; K, Ü: HE: Saturnus, in: Cancik, Hubert; Schneider, Helmuth; Landfester, Manfred (Hg.): New Pauly Online, Der Neue Pauly, S. 11:116-118.

Sallaberger, Walther; Felber, Heinz; Heckel, Hartwig: Kulturentstehungstheorien, in: Cancik, Hubert; Schneider, Helmuth; Landfester, Manfred (Hg.): New Pauly Online, Der Neue Pauly, S. 6:908-914.

Versnel, Hendrik S.: Die Saturnalien, Zu Fragen von Ursprung, Funktion und Bedeutung, in: Fugger, Dominik (Hg.): HZ, Beihefte, Verkehrte Welten?, München 2013, S. 72–101.

9. Bildquellenverzeichnis

Da Caravaggio, Polidoro: Saturnus 1592 https://www.artsy.net/artwork/hendrik-goltzius-after-polidoro-da-caravaggio-saturn (Stand: 20. Dezember 2017).

Goya, Francisco: Saturn Devouring His Son, 1819 http://tour-de-kunsthalle-redaktion.xpedeo.de/Page1813.html (Stand: 20. Dezember 2017).

O. V., o.T.: 2002 http://ageofempires.wikia.com/wiki/Kronos (Stand: 20. Dezember 2017).

O.V., o.T., o.J.: https://commons.wikimedia.org/wiki/File:0_Autel_d%C3%A9di%C3%A9_au_dieu_Malakb%C3%AAl_et_aux_dieux_de_Palmyra_-_Musei_Capitolini_(1b).JPG (Stand: 20. Dezember 2017).

Rubens, Peter Paul: Saturn, 1636 http://tour-de-kunsthalle-redaktion.xpedeo.de/Page1813.html (Stand: 20. Dezember 2017).

10. PowerPoint Präsentation zum Referat vom 21.12.2017

Fo-
lie 1

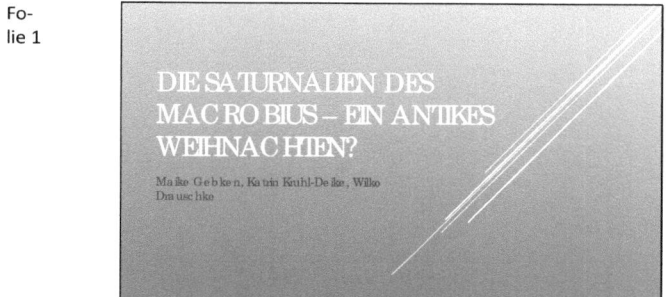

Fo-
lie 2

Fo-
lie 3

Fo-
lie 4

Altarrelief zu Ehren Malakbels, 2. Jahrhundert nach Christus

Fo-
lie 5

Fresko von Polidoro da Caravaggio 1592

Fo-
lie 6

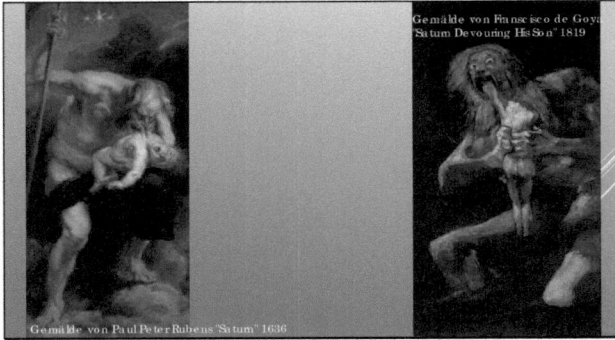

Gemälde von Franscisco de Goya
"Satum Devouring His Son" 1819

Gemälde von Paul Peter Rubens "Saturn" 1636

Artwork von "Age of Mythology" 2002 (Kronos)

DIE SATURNALIEN

- 17. Dezember – 23. Dezember (verlängert bis zum 30. Dezember)
- Ursprung und Bedeutung spekulativ
- „Verkehrte Welt"
- Temporäre Aussetzung der sozialen Unterschiede
- Weihnachtliche, sowie karnevaleske Aspekte

DIE SATURNALIEN DES MACROBIUS

- Sieben Bücher umfassendes Werk
- Um 410 oder 435 verfasst
- Zwei Kategorien von Akteuren

KRITIK

- Bei Macrobius sind die Saturnalien nur „Rahmenhandlung"
- Es wird nicht aktiv gefeiert – nur darüber gesprochen
- Für eine Rekonstruktion nicht geeignet

QUELLEN

- Brandt, Gerhard (Einträge): Brose, Der Neue Pauly, Hg. Hubert Cancik, Helmuth Schneider (Antike), & Manfred Landfester (Rezeptions- und Wissenschaftsgeschichte), Brill Reference Online, Web., 19. Dezember 2017.
- Dietrich, Götz: Saturnalia, Der Neue Pauly, Hg. Hubert Cancik, Helmuth Schneider (Antike), & Manfred Landfester (Rezeptions- und Wissenschaftsgeschichte), Brill Reference Online, Web., 6. Dezember 2017.
- Dumont, Jacques (Verneilen, und Rundell, Hans (Münchener): Macrobius, Der Neue Pauly, Hg. Hubert Cancik, Helmuth Schneider (Antike), & Manfred Landfester (Rezeptions- und Wissenschaftsgeschichte), Brill Reference Online, Web., 6. Dezember 2017.
- Reiterstein, Christa: Christa Reiterstein, "Provinzialien - Vorträge des römischen Gelschaft" Bregenz-Bericht über Neue Heimatforschung in Mittelalter Sciencedom", Jetzschrift für antikes Christentum, Band 11, Heft 2, Brill, 2008, S. 4-o 200-217.
- Steinweisser, Attilio (OBER): Saturnalia, Der Neue Pauly, Hg. Hubert Cancik, Helmuth Schneider (Antike), & Manfred Landfester (Rezeptions- und Wissenschaftsgeschichte), Brill Reference Online, Web., 19. Dezember 2017.

Bildquellen:

- De Caravaggio, Pablius: Bacanto 1592 http://www.artsper.com/en/de/esclusa/bacchus/bacchino-m... (Stand: 19. Dezember2017).
- Rubens, Peter Paul Silene, 1626 http://www.arteclassiche.net/datesms.php?s=des_de/PageS123.html (Stand: 19. Dezember 2017).
- Goya, Francisco: Scène Dionysiaque Fiestas, 1828 http://www.arteclassiche.net/datesms.php?s=des_de/PageS123.html (Stand: 29. Dezember 2017).
- (S. V. T. z. ?...
- Ingres: Saturnalia http://www.io...ma.pl/?id=A4BC7SANGC?SAR zu den Malerle SCHAAL et tru, dic...de. Bilgner... Materiklijdellan[16.06] (Stand: 29. Dezember2017).
- G. V., n T, 2008 http://ingredonnaly.com/... rorem wohn Bacaros (Stand: 29. Dezember2017).